Kommunikation in der Ehe und Partnerschaft

Wie Sie auch in schwierigen Zeiten liebevoll kommunizieren und gewaltfreie Kommunikation in Ihrer Beziehung richtig anwenden

Maria Feldkamp

INHALT

Das erwartet Sie in diesem Buch

Haben Sie das Gefühl, Ihrem Partner oder Ihrer Partnerin nichts mehr mitteilen zu können? Wer kennt es nicht, Gespräche fallen häufig einseitig aus oder die Köpfe versinken geradezu in der digitalen Welt, sodass man sich die Unterhaltung aus Medienportalen injiziert, die eigentliche Welt um sich herum vergisst, und ein soziales Miteinander verloren geht. Die Fähigkeit, ein Gespräch zu führen, lässt nach und man vergisst, welchen Einfluss die Körpersprache, die Ausdrucksweise und der Inhalt eines

Gespräches auf den weiteren Verlauf der Kommunikation hat. Dieses Buch soll Ihnen dabei helfen, eine erfolgreiche Kommunikation steuern zu können und ein positives Miteinander in der Ehe oder Partnerschaft neu zu entdecken.

Kommunikation wird häufig unterschätzt; diese ist allerdings fundamental wichtig zum Aufrechterhalten einer Beziehung. Sie lernen hier die Bedeutung verbaler und nNon-verbaler Kommunikation kennen, sich selbst besser reflektieren zu können, eine erfolgreiche Kommunikation einzuleiten, welchen Einfluss die Psychologie auf ein Gespräch und das daraus resultierende Handeln haben kann, wie Sie einem Monolog entgegenwirken, das Interesse Ihres Partners wecken und so die Möglichkeit haben, insgesamt eine harmonische Ehe und Partnerschaft zu führen. Auch bekommen Sie einen Eindruck kulturell bedingter unterschiedlicher Kommunikationsarten und deren Auswirkung auf eine Beziehung und Hilfestellung beim Bewältigen von Konflikten in der Ehe und Partnerschaft.

Was macht eine gesunde Beziehung aus

Sicherlich sieht jeder eine gesunde Beziehung mit anderen Merkmalen verbunden, doch einige Grundvoraussetzungen kann man festlegen und als kleine Wegweiser nutzen. Das Wichtigste ist ein respektvoller Umgang miteinander. Es gibt Pärchen, die sich gegenseitig aufziehen und übereinander lachen können, was auch okay ist, wenn sich beide damit wohlfühlen, die Gefühle des anderen dabei nicht verletzt werden und das Ganze untereinander geschieht, denn sobald Außenstehende involviert werden und sich vor anderen übereinander lustig gemacht wird, werden schnell Grenzen überschritten, in denen einem kaum noch das Ausmaß bewusst ist, in welchem man den Partner oder die Partnerin verletzt hat, indem diese vor versammelter Mannschaft bloßgestellt wurde. Was für den einen Spaß ist, kann am Ende zu einer ernsten Angelegenheit voller verletzter Gefühle werden, indem der Respekt abhandengekommen ist. Auch Beleidigungen, die für den einen reiner Spaß sind, könnten den anderen tief treffen, selbst wenn Ihr Gegenüber das nicht so äußert.

Man sollte sich immer fragen, ob eine bestimmte Wortwahl angemessen erscheint und wie man selbst darauf reagieren würde, wenn man diese zuhören bekämen. Wäre man vielleicht selbst verletzt, wenn man diverse Worte zu hören bekäme? Es kann immer mal passieren, dass man Dinge sagt, die man am Ende bereut, weil man erst im Nachhinein merkt, dass diese Worte ausgesprochen noch viel schlimmer klingen, als man vermutete hätte, und der Partner oder die

Partnerin genau damit schwer getroffen wurde und verletzt ist. Ausgesprochenes können Sie nicht mehr rückgängig machen, doch Sie können sich entschuldigen; den Liebsten um Verzeihung zu bitten, kommt nicht jedem leicht über die Lippen, hier sollte man allerdings über seinen Schatten springen, denn verletzende Worte können tief sitzen bleiben, wenn man diese nicht bereinigt, und einen Riss in der Beziehung hinterlassen.

Egoismus hat in einer gesunden Beziehung nichts verloren, denn in einer harmonischen Partnerschaft liegt die Relevanz darin, was man dem Partner oder der Partnerin geben könnte, um diesen glücklich zu machen und weniger darin, was einem selbst fehlt. Wenn man liebt, erfüllt es einen mit Glückseligkeit, wenn man dem Partner oder der Partnerin eine Freude bereiten kann. Es muss nichts Teures oder Aufwendiges sein, wenn man zeigt, dass man an den Partner gedacht hat, indem man zum Beispiel beim Einkaufen dessen Lieblingssüßigkeit mitbringt, kann der Erfolg ein sehr großer sein und der Partner oder die Partnerin wird sich revanchieren, sodass der ständige Drang besteht, den anderen immer glücklich machen zu wollen.

Zeit ist etwas Wertvolles und so sollten Sie diese als Paar immer wieder zu einem besonderen Moment machen. Sehen Sie Ihren Partner oder Partnerin nie als selbstverständlich an, auch wenn Sie wissen, dass Sie sich immer aufeinander verlassen können. Vor allem, wenn Ihre wöchentliche Zeit aufgrund von beruflichem Stress stark eingeschränkt ist, bevor Sie die vorhandene Zeit im Freundeskreis nutzen, setzen Sie diese erst mal für die Pärchenzeit an, wenn Sie nach der Erschöpfung Ihre Erholung eher im Freundeskreis finden anstatt in Ihrer Beziehung, liegen Ihre Prioritäten definitiv nicht in Ihrer Partnerschaft, was dann kränkend sein kann. Ihr Freundeskreis sollte in erster Linie aus Ihrem Partner oder Ihrer Partnerin und Ihnen bestehen, denn eine gesunde Beziehung besteht auch darin, seinem Partner alles anvertrauen zu können und tiefe Verbundenheit zu spüren.

Ein Zitat von dem Philosophen Friedrich Nietzsche passt hier ganz gut, um diesem nochmals Ausdruck zu verleihen, denn dieser sagte:

„Ehen scheitern nicht am Mangel von Liebe, sondern am Mangel von Freundschaft."

Einige sind der Meinung, sie müssten sich erst einmal beruflich festigen, um eine ernsthafte und erfolgreiche Beziehung einzugehen, doch gerade ein schwerer Weg in Richtung Erfolg durch eine Ausbildung, ein Studium, oder weil man erst einmal in der Selbstständigkeit Fuß fassen möchte, können einen zusammenschweißen. Es stärkt den Zusammenhalt am Anfang einer Beziehung, sodass man sich später nicht so schnell wegen Kleinigkeiten streitet oder gar trennt.

So wie alles in einer Partnerschaft einen Schall zurückwirft, ist es mit dem Selbstzweifel. Wenn Sie immer und immer wieder Unzufriedenheit mit sich selbst äußern, aber nichts dagegen tun, reden Sie Ihrem Partner, ohne es zu wollen, ein, dass er das Gleiche denken muss, obwohl Sie sich vielleicht sogar erhoffen, vom Partner oder von der Partnerin einen Zuspruch zu bekommen. Seien Sie mit sich selbst im Einklang und arbeiten Sie an Ihrem Selbstbewusstsein. Sie sollten sich im Klaren sein, dass Sie gut sind, wie Sie sind, denn wenn Sie sich selbst so lieben, wie Sie sind, wird die Liebe gegenüber Ihnen umso größer. Paare werden sich in einer gesunden Beziehung unbewusst immer ähnlicher und entwickeln sich zu wahrhaftig

Seelenverwandten, aufgrund der Bewunderung, die beide füreinander empfinden, und weil man sich gegenseitig als den besten Ratgeber sieht und sich in Sicherheit fühlt. Generell sollten Sie sich in Ihrer Partnerschaft auf Augenhöhe begegnen und immer den respektvollen Umgang zueinander pflegen. Ohne Respekt bekommt das Konstrukt der Ehe oder Partnerschaft schwere Brüche.

Was bedeutet Kommunikation

Es gibt verschiedene Möglichkeiten zu kommunizieren; die uns wohl bekannteste und einfachste Art der Verständigung ist der Weg über den sprachlichen Gebrauch. Was vielen nicht bewusst ist: Wir kommunizieren ständig, zu jeder Zeit, mit unserer Haltung, Gestik und auch, wenn das Gesicht mal ausdruckslos erscheinen mag, so ist dies ebenfalls eine Art der Kommunikation. In der Partnerschaft ist eine vermeintlich falsche Körperhaltung gegenüber dem Gesprächspartner häufig Auslöser eines Streits, auch wenn es einem selbst nicht bewusst ist, daher ist eine Selbstreflexion die Basis eines harmonischen Miteinanders. Stellen Sie sich auch immer die Frage, welche Ausdrucksweise und Körperhaltung erwarten Sie neben dem Gesprochenen bei einem beispielsweise emotionalen Gespräch; dies kann sowohl ein freudiges Ereignis als auch ein trauriges Erlebnis sein. Bei beiden Varianten erwarten Sie vermutlich eine gewisse Anteilnahme und kein distanziertes Verhalten und genau das erwartet auch Ihr Partner.

In der Kommunikation sollten Sie sich auf einer Ebene mit Ihrem Partner oder Ihrer Partnerin befinden, um diese erfolgreich und harmonisch zu halten. Kommunikation ist kein Monolog, sondern erfordert das Gespräch zwischen mindestens zwei Personen. Sie können eine Menge dazu beitragen, dass aus dem Monolog ein Dialog wird, indem Sie Ihrem Partner oder Ihrer Partnerin genau zuhören und Fragen zu dem Gesprächsthema stellen, so zeigen Sie auch Interesse und wirken mit, wenn Ihr Partner oder Ihre Partnerin gern mal dazu neigt, nur Monologe zu halten und sein Umfeld dabei außen vor zu lassen. Wenn Sie selbst schnell mal in ein Selbstgespräch verfallen, sollten Sie zwischendurch mal einen Cut machen und Ihren Partner zu dem Thema befragen, wie etwa: „Was hältst du eigentlich davon?", oder „Wie hast du das erlebt oder empfunden?" So zeigen Sie, dass Sie Ihren Partner oder Ihre Partnerin in Ihrem Gespräch nicht verloren haben und großes Interesse an ihrer/seiner Meinung haben.

Es kann auch zusätzlich die Vertrauensebene fördern, weil Sie auf diese Art deutlich machen, dass Sie Vertrauen in Ihren Partner oder Ihre Partnerin haben und gern Ratschläge annehmen. Generell sollte die Kommunikation aus einem Geben und Nehmen bestehen und nicht immer zu einseitig erfolgen, denn bleibt eine Reaktion des Partners immer wieder aus, wirkt es frustrierend und kann zu Diskrepanzen führen. Versuchen Sie also, immer auf Ihren Partner oder Ihrer Partnerin zu reagieren, selbst wenn es nur ein leichtes Zustimmen ist, oder seien Sie einfach ehrlich, wenn Sie mal nicht ganz derselben Meinung sind. Verdeutlichen Sie hier, dass Sie seinen oder ihren Standpunkt zwar verstehen, aber eher eine andere Meinung vertreten, was in einer gesunden Beziehung auch völlig legitim sein sollte.

Die Theorie von Paul Watzlawick in der Partnerschaft

In der Theorie von Paul Watzlawick, einem österreichischen Philosophen, Psychotherapeuten und Kommunikationswissenschaftler, kommt es zu einer Kommunikationssituation zwischen zwei Menschen, sobald sie sich gegenseitig wahrnehmen. Eine seiner berühmtesten Aussagen ist: „Man kann nicht nicht kommunizieren." So ist es auch wichtig, was dem Kommunikations-partner bzw. der Kommunikationspartnerin durch

Worte und Gestik vermittelt wird und was davon tatsächlich so ankommt, wie Sie es meinen. Eine Aussage kann durch die Art, wie sie getätigt wird und wie die Körpersprache getroffen wird, völlig unterschiedliche Bedeutungen haben, obwohl es nur einen Inhalt gibt. Zum Beispiel die Aussage „Oh, die Betten sind ja gemacht", kann je nach Betonung, Freude vermitteln, dass die Betten gemacht wurden und man es selbst nicht tun muss, oder vermitteln, dass man so erstaunt ist, dass die Betten gemacht wurden, weil man es vom Partner oder von der Partnerin gar nicht kennt, dass diese die Betten überhaupt mal macht, oder Enttäuschung zeigen, weil man vielleicht gar nicht wollte, dass die Betten gemacht werden, weil man vielleicht vorhatte, die Bezüge zu waschen.

Häufig wird auch viel zu viel in eine einfache Aussage hineininterpretiert, entgegen dazu wird nicht selten nicht klar ausgedrückt, was man mitteilen möchte, und man erwartet, dass der Partner oder die Partnerin zwischen den Zeilen liest und selbst Lösungen bereithält. Ein bekanntes Beispiel von Paul Watzlawick ist das eines Ehepaares, welches sich am Frühstückstisch unterhält; in dem Gespräch geht es um ein Ei, welches laut Ehemann nicht optimal gekocht ist, dessen Wunsch ist es, ein weiches Ei zu speisen. Die anfängliche Relevanz in dem Gespräch war, dass das Ei genau 4 und eine halbe Minute gekocht wird, um die perfekte Konsistenz zu erhalten. Im weiteren Verlauf des Gesprächs wird deutlich, dass es dem Mann völlig egal ist, ob das Ei nun 4 und eine halbe Minuten gekocht worden sei oder nicht, solange es weich ist.

Bei der Ehefrau kam mit der Aussage allerdings so an, dass es für ihren Mann nicht von Interesse war, wie viel Zeit sie extra für ihn in der Küche verbrachte und „schuftete"; mit seiner Aussage fühlte sie sich nun nicht mehr wertgeschätzt. So erkennt man, wie in diesem Beispiel eine für den einen scheinbar neutral getroffene Aussage die Gefühle des Gegenübers verletzen konnte, weil zu viel hineininterpretiert wurde. Laut Paul Watzlawick geht es bei seinen Axiomen auch darum, dass jede Kommunikation einen Inhalts- und einen Beziehungsaspekt hat, auch nennt er diese Ebenen die Inhalts- und die Gefühlsebenen, wobei die Gefühle das Gespräch dominieren, sodass diese einen viel höheren Stellenwert aufweisen als das gesprochene Wort.

Natürlich kann eine fehlgesteuerte Körperhaltung eine Fehlinterpretation verstärken, was daraus resultiert, ist eine sich falsch verstanden gefühlte Person und eine weitere Person, die sich durch bestimmte Aussagen, die Art und Weise, wie diese getätigt wurden, und Körperhaltung sowie Gestik und Mimik gekränkt fühlt, sodass daraus eine schlechte Atmosphäre oder sogar Streit folgen kann. Dementsprechend wird eine weitere Theorie von Watzlawick belegt, nämlich die, dass eine Kommunikation immer Ursache und Wirkung hat. Wenn Sie beispielsweise die Aussage treffen: „Es ist ja ruhig hier" wird Ihr Partner oder Ihre Partnerin sicherlich auf irgendeine Art und Weise reagieren. Entweder mit „wir könnten ja mal wieder jemanden einladen" oder mit: „die Ruhe tut auch mal gut" oder Ihr Partner könnte es als Aufforderung sehen, sich mit Ihnen zu unterhalten oder den Fernseher oder das Radio anzuschalten. Erst durch ein klares Unterstreichen Ihrer Aussprache wird deutlich, was Sie wirklich meinten und ob Sie nun Ruhe wollten oder der Ruhe damit ein Ende setzen wollten.

Hierzu hat Watzlawick das vierte Axiom gebildet, das besagt, dass sich menschliche Kommunikation analoger und digitaler Modalitäten bedient. Analog bedeutet hier, dass die Kommunikation dem Partner einen gewissen Interpretationsspielraum lässt, und digital, dass eine Botschaft direkt und eindeutig geäußert wird, ohne eine Interpretationsmöglichkeit zu haben.

Ein weiteres Axiom sagt aus, dass Kommunikation symmetrisch oder komplementär sein kann. Symmetrische Kommunikation betont eher die Gemeinsamkeiten, während komplementär bedeutet, dass die Unterschiede der Kommunikation im Vordergrund stehen. Bewegt man sich mit seinem Partner oder seiner Partnerin auf dem gleichen Kommunikationsniveau, wenn man beispielsweise Haustiere hat und ausgemacht hat, den Tieren zu festen Zeiten Futter und nichts vom Esstisch zu geben, und sich beide an diese Abmachung halten, harmoniert man gemeinsam auf der Ebene der symmetrischen Kommunikation. Ist es allerdings so, dass sich nur einer von beiden an diese Abmahnung hält und der andere nachgibt und doch mal ein Leckerli vom Tisch fallen lässt, weil er den süßen Kulleraugen nicht widerstehen kann, verstößt das wiederum gegen die Abmachung und man befindet sich auf der komplementären Kommunikationsebene, was bei ständigem Wiederholen zu Streitigkeiten führen kann, weil sich die eine Person in ihrer Aussage nicht ernst genommen fühlt und die andere Person hingegen das Gefühl bekommt, keine Autorität zum Selbst-Entscheiden erlangt zu haben. Ein gesundes Gleichgewicht ist hier ausschlaggebend.

Die Körpersprache

Einen enormen Einfluss kann unbewusste und bewusste Körpersprache auf die Kommunikation haben. Unbewusst zeigen wir unserem Gegenüber, auf welcher Beziehungsebene wir uns mit dieser Person befinden. Etwa auf einer uns unbekannten, weil uns diese Person fremd ist, auf einer freundschaftlichen, einer geschäftlichen oder einer partnerschaftlichen Beziehungsebene; dementsprechend verhält sich unsere Körperhaltung. So nehmen wir bei uns vertrauten Personen eine eher offene und fremden Personen eine eher geschlossene Körperhaltung ein. Zum Partner sucht man eher die Nähe, zu

Personen, denen wir eher auf Distanz begegnen, verhalten wir uns auch dementsprechend, indem wir uns mit einem gewissen Abstand wohler fühlen. Also variiert unser Wohlfühlbereich, indem wir eine Person an uns herantreten lassen, je nachdem, wer gerade vor uns steht und in welcher Art der Beziehung wir uns mit ihm befinden.

Wenn Sie wissen, ob Ihr Partner oder Partnerin eher ein gefühlsvoller Mensch ist, dessen Bedürfnis es ist, Nähe zu wahren, sollten Sie auch kleine Momente nutzen, Ihrer Körpersprache Ausdruck zu verleihen, auch wenn es Ihnen manchmal schwerfällt, weil Sie vielleicht eine eher reservierte Persönlichkeit haben. Es muss nicht viel sein. Es reicht zunächst, dem Partner oder der Partnerin mit einer offenen Körperhaltung entgegenzukommen, Blickkontakt zu halten und zu signalisieren, dass man aufmerksam zuhört. Eine Hand auf der Schulter oder auf dem Rücken symbolisiert bereits Zuneigung, Wertschätzung und dass man füreinander einsteht.

Wenn es Ihnen sehr schwerfällt, körperliche Nähe zuzulassen, ist es wichtig, dieses Thema bei dem Partner oder der Partnerin offen anzusprechen und zu erklären, dass man seine Gefühle gern zeigen würde, es einem aber schwerfalle; so kann jeder Beteiligte besser mit der Situation umgehen und fühlt sich nicht direkt ungeliebt. Gleichen Sie in dem Fall die Körpersprache mit Worten aus. Sollten Sie allerdings keine Person der großen Worte sein, ist es ratsam, die Körpersprache überwiegen zu lassen und dem Partner oder der Partnerin nonverbale Zuneigung zu vermitteln. Eine gewisse Körperhaltung wie Schulterzucken kann sowohl Gleichgültigkeit als auch Ahnungslosigkeit symbolisieren. Wird zum Beispiel danach gefragt, ob man heute etwas unternehmen wolle, kann ein Schulterzucken sowohl „Ich weiß es nicht, entscheide du" als auch „Das ist mir egal. Ich habe eigentlich keine Lust, heute etwas mit dir zu unternehmen" bedeuten.

Es kann schwer sein, die Körpersprache richtig zu deuten, besonders, wenn die Partnerschaft noch sehr frisch ist. Umso empfehlenswerter ist es, für solche Situationen die verbale Kommunikation ergänzend zu verwenden, um Fehldeutungen nicht zu hindern. Sind Sie mal niedergeschlagen und lassen dementsprechend Ihren Körper hängen und strahlen es mit Ihrer Körpersprache nach außen hin aus, so erwarten Sie nicht, dass Ihr Partner

oder Ihre Partnerin diese Körperhaltung auf An-
hieb richtig deutet und Sie darauf anspricht. Manche tun sich sehr schwer im Erkennen bestimmter
Körperhaltungen oder können nur schwer mit solchen Situationen umgehen, weil sie eine Abwei-
sung befürchten und Sorge haben, Sie könnten
den Grund Ihrer Trauer Ihrem Liebsten nicht anvertrauen wollen. Daher äußern Sie sich, sagen
Sie, was Sie gerade für Sorgen oder Frust haben,
und verdeutlichen Sie, was Sie jetzt von Ihrem
Partner oder Ihrer Partnerin erwarten. Wünschen
Sie es lieber, gerade allein zu sein, oder möchten
Sie mit einem Tee umsorgt werden? Wollen Sie
Ihren Liebsten gerade einfach nur bei sich haben
– ohne viel Worte – oder wünschen Sie sich einen
Ratschlag oder einfach nur Zuspruch?

Häufig entstehen Konflikte, weil die eigenen
Wünsche und Bedürfnisse kaum bis gar nicht geäußert werden. Diesen Konflikten kann man jedoch leicht entgegenwirken. Ist es Ihr Partner oder
Ihre Partnerin, dessen niederschmetternde Haltung nun wirklich absolut nicht zu übersehen ist,
fragen Sie nicht einfach nur, was los ist, denn häufig ist die naheliegende Antwort darauf: „Ach,
nichts." Was so viel bedeuten kann, wie etwa, man

mag jetzt nicht darüber sprechen oder vielleicht interessiert es mein Gegenüber eh nicht, sonst würde dieser noch mal nachhaken. In so einer Situation sollte man klar ansprechen, was man wahrnimmt und was man anbieten kann, wie zum Beispiel: „Ich sehe, du wirkst etwas niedergeschlagen, magst du darüber reden oder kann ich dir etwas Gutes tun, wie einen Tee zuzubereiten? Wenn du gerade lieber deine Ruhe haben möchtest, verstehe ich es ebenso." Vielleicht wünscht sich Ihr Liebster in diesem Moment sogar eine Mischung aus allem. Erst der Tee und etwas Ruhe, dann das umsorgende Gespräch. Diese Art von Kommunikation kann Wunder bewirken und Sie als Paar zusammenschweißen. Es ist also von beiden Seiten nur etwas Einfühlungsvermögen gefragt.

Mimik und Gestik

D as Gesicht besitzt 26 Muskeln, von denen im Wesentlichen acht Muskeln für die Mimik verantwortlich sind. Über unsere Mimik und Gestik drücken wir bewusst und unbewusst unsere Gefühle aus. Empfinden wir Freude, Wut, Trauer oder Angst, sorgen diese Gefühle für das Aktivieren bestimmter Neuronengruppen, die für die Kontraktion mimischer Muskeln verantwortlich sind; diese lösen dann unsere Gesichtsausdrücke aus.

Häufig ist uns selbst nicht bewusst, wie wir mit unserer Mimik und Gestik auf unsere Umwelt wirken. Schauen Sie immer ernst, verschafft es den Eindruck, man wolle gerade nicht angesprochen werden, gleichzeitig könnten Sie damit auch Autorität ausstrahlen. Hingegen neigen Menschen eher dazu, Personen mit einem freundlich wirkenden Gesicht anzusprechen, wenn das Gesicht beispielsweise einen Hauch von Lächeln aufweist. Gleichzeitig kann einem „Dauergrinser" auch schnell Naivität zugesprochen werden. Auch wenn wir unsere Gesichtsausdrücke nicht immer beeinflussen können, so ist es uns dennoch möglich, bestimmte Gestiken zu trainieren. Ist man jemand, der eher dazu neigt, grimmig zu schauen, empfiehlt es sich, einen freundlicheren Gesichtsausdruck zu üben, um positiver auf sein Umfeld zu wirken und dem Partner oder der Partnerin Zufriedenheit zu signalisieren.

Versuchen Sie, die Augen munter geöffnet zu halten, halten Sie Ihre Lippen leicht voneinander getrennt und ziehen Sie die Mundwinkel etwas nach oben. Beobachten Sie sich dabei im Spiegel und schauen Sie, ob Sie sich tatsächlich mit diesem Gesichtsausdruck identifizieren können. Ihr freundlicher Ausdruck sollte nicht erzwungen wirken, denn dann könnte dieser Gegenteiliges bewirken und verschrecken. Schaut man in der

Ehe und Partnerschaft freundlicher, kann positives Feedback in Form von Nettigkeiten, netten Worten und Taten die Folge sein. Es ist einfacher, einem freundlichen Gesicht Schönheit zuzuschreiben oder einen Tee anzubieten als einem grimmigen Gesicht.

Schaut man dagegen immer leicht genervt, könnte der Partner oder die Partnerin zu viel hineininterpretieren, auch wenn es eigentlich Ihr täglicher Gesichtsausdruck ist. Schnell verfällt man in Gedanken, weshalb wohl dieser Gesichtsausdruck zustande kam; hat man wohl etwas Falsches gesagt oder getan? Ist da irgendetwas, worüber mein Gegenüber nicht mit mir sprechen möchte? Warum wird mir denn kein Vertrauen geschenkt? Das sind Situationen, die schnell eskalieren können, und am Ende weiß keiner so wirklich, warum es zum Streit kam. Daher ist auch hier offene Kommunikation von wahrer Bedeutung. Klären Sie Ihren Partner oder Ihre Partnerin darüber auf, dass Ihr Gesichtsausdruck nichts mit ihm oder ihr zu tun hat, versuchen Sie aber, bereit zu sein, daran zu arbeiten.

Ist Ihr Gegenüber derjenige, der ständig einen ernsten Gesichtsausdruck hat, dann sprechen Sie das unbedingt an. Vielen ist oftmals nicht bewusst, wie ernst sie auf ihr Umfeld wirken. Manche haben sich einen relativ genervten Gesichtsausdruck und ständiges Verdrehen der Augen angewöhnt, welches auf den Gesprächspartner abwertend wirken kann. Daran sollte man definitiv arbeiten, ansonsten hat man schnell Zündstoff für den nächsten Konflikt. Ist es Ihr Partner oder Ihre Partnerin, dessen/deren Blicke häufig von oben herab wirken, ist eine klare Ansprache unumgänglich, denn auch hier ist es vielen häufig gar nicht so bewusst, welche Auswirkung ein solcher Ausdruck hat und dass Personen dadurch gekränkt sein könnten.

Verbale Kommunikation

Eine der uns wohl bekanntesten Arten der Sprache ist die verbale Kommunikation. Diese kann mit verschiedenen Betonungen aus einem Satz unterschiedliche Bedeutungen hervorrufen. So kann die Art und Weise, wie ein Satz übermittelt wird, Ihrem Gegenüber Ihre seelische Verfassung signalisieren. Zum Beispiel die Aussage: „Lass uns doch etwas unternehmen", kann je nach Tonlage entweder bedeuten, dass man gern Zeit mit dem Partner oder der Partnerin verbringen möchte und es als einfache Bitte empfindet oder als Vorwurf, der Partner oder die Partnerin verbringe nicht genug Zeit mit einem, man fühle sich emotional vernachlässigt.

Es kann auch schnell passieren, dass unbewusst die falsche Betonung gewählt wurde und zu viel in eine einfache Aussage hineininterpretiert wurde, sodass eine Eskalation oder mindestens Unmut das Resultat ist. Man fühlt sich missverstanden und steigert sich womöglich so stark in pessimistische Gedanken hinein, dass man alles bereits vergangene Negative aus den Gedanken kramt und alles Positive für den Moment verdrängt. Dabei könnte man die falsch gewählte Betonung ganz einfach erläutern lassen, indem man gezielt fragt und auf die gestellte Frage eingeht. Haken Sie zum Beispiel genauer nach: „Was möchtest du gern unternehmen?". Oder bieten Sie eine oder zwei Möglichkeiten an, um Interesse zu zeigen. Steigern Sie sich nicht hinein, wenn die Betonung nicht immer so getroffen wurde, wie Sie es sich wünschen. Versuchen Sie aber im Gegenzug, mit gutem Beispiel voranzugehen und die Betonung klar zu wählen, um Missverständnisses zu vermeiden. Stellen Sie sich selbst auch die Frage, wie Ihre Betonung jetzt bei Ihnen selbst angekommen wäre, dabei sollten Sie auch immer ehrlich zu sich selbst sein. Natürlich sind wir menschlich und haben kaum Einfluss auf unsere Gefühle und wie wir diese zum Ausdruck bringen; sich selbst zu reflektieren, zu hinterfragen und klarzustellen, dass es gerade anders rüberkam, als man meinte, kann die Situation schnell aufklären und besänftigen.

Leider hat sich die Gesellschaft zu einer Welt entwickelt, in der kaum noch miteinander gesprochen wird oder gar ganze Sätze verwendet werden. Wir haben uns zu Short-Message-People entwickelt und das wortwörtlich. Es wird nur noch das Nötigste vom Nötigsten gesagt und Höflichkeitsfloskeln finden kaum noch Platz, ganz zu schweigen vom Interesse am Wohlbefinden des Partners oder der Partnerin. Begegnen Sie dieser Entwicklung mit Widerstand und bauen Sie, wenn Sie das nicht sowieso schon tun, kleine Nettigkeiten ins Gespräch ein, zum Beispiel Worte wie „gern", „ja, natürlich" können schon Wunder bewirken und ein Gespräch harmonisch gestalten. Einfache Fragen wie: „Wie war dein Tag?" zeigen Interesse am Partner oder an der Partnerin und auch, wenn Sie der Meinung sind, zu wissen, wie es Ihrem Gegenüber geht, sollten Sie nach seinem oder ihrem Wohlergehen fragen und beobachten, wie so eine Beziehung durch einfaches Zeigen von Interesse mit solchen Fragestellungen aufblühen kann.

Versuchen Sie, Gemeinsamkeiten zu finden, um Gesprächsstoff aufrechtzuerhalten, oder finden Sie interessante Themen beim Lesen bestimmter Lektüren oder Nachrichten, um Ihren Partner oder Partnerin über seine/ihre Meinung zu bestimmten Bereichen zu befragen. Dabei könnten Sie Ihnen bis dahin noch unbekannte Interessen Ihres Gegenübers entdecken oder eigene Interessen äußern, die zuvor nie in Erwägung gezogen wurden.

Sprechen Männer und Frauen die gleiche Sprache?

Es ist wohl allgemein bekannt, dass die Sprache des Mannes und der Frau nicht immer dieselbe ist. Während Frauen lieber etwas wortgewandter sind und gern etwas mehr ausdiskutieren, sind Männer häufig der etwas ruhiger Part und zurückhaltender. Frauen wünschen sich häufig Zuspruch und Bestätigung, während Männer eher Sicherheit geben wollen. Frauen denken und sprechen häufig abstrakter und erwarten dann, dass Männer dieses entschlüsseln, während Männer kurz und knapp das sagen, was sie wirklich meinen, interpretieren Frauen zu viel in Männeraussagen hinein, weil sie meinen, herausfinden zu müssen, was der Mann ausdrücken möchte. Männer fühlen sich von abstrakter Sprache häufig überfordert und verstehen eindeutige und klare Aussagen besser.

Während Frauen häufiger mal einige Worte und Sätze mehr zum Ausdruck bringen, schalten Männer gern mal auf Durchzug, weil ihnen um den Inhalt der Aussage viel zu viel drumherum geredet wird oder das Gesprochene zu viel Irrelevanz beinhaltet, sodass die eigentliche Kernaussage verloren geht. Am Ende wird dem Mann unterstellt, er höre nie zu, dabei fokussiert er sich sehr stark darauf, welche Informationen er herausfiltern muss, weil zu viele Informationen schwer zu verarbeiten sind.

Ein klassisches Beispiel für ein vorprogrammiertes Konfliktgespräch wäre: Frau fragt den Mann, ob ihm das Essen schmecke, der Mann antwortet mit einem einfachen „Ja", die Frau hinterfragt, ob ihm das Essen wirklich schmecke und der

Mann antwortet abermals mit einem einfachen „Ja!", dabei erwartet die Frau, mehr Informationen zu erhalten, wie zum Beispiel, was genau ihm an dem Essen gefällt und wie sehr es ihm schmeckt, ob es so gut schmeckt, dass sie es ruhig öfters essen könnten, oder das Essen gerade gut genug ist, um gesättigt zu sein und man es nicht unbedingt wieder essen müsste. Weil es der Frau an weiteren Aussagen fehlt, fängt sie an, Dinge zu interpretieren, die sie an sich selbst zweifeln lassen. Sie fängt an, dem Mann zu unterstellen, er würde ihre Kochkunst nicht wertschätzen und ist beleidigt, sodass sie das Feuer mit der Aussage eröffnet: „Gut, dann koch ich einfach nicht mehr!" Der Mann weiß in solchen Momenten nicht, wie ihm geschieht, und hält das Verhalten seiner Partnerin für übertrieben, sodass er entweder mit verständnislosen Aussagen zurückschießt und äußert, dass die Partnerin gerade übertreibe, oder das Ganze nicht ernst nimmt und sich zurückhält. Beides Fälle, bei denen die Eskalation ersichtlich ist. Eine Frau sollte nicht zu viel hineininterpretieren, sondern sich mit einfachen Aussagen zufriedengeben, und ein Mann sollte sich angewöhnen, seiner Frau seine Wertschätzung mit Worten zu unterstreichen. Es sollte ein Entgegenkommen sein, damit beide Geschlechter sich verstanden fühlen können.

Kulturelle Unterschiede

Die Welt ist unglaublich vielfältig und besteht aus verschiedenen Lebewesen mit den unterschiedlichen Verhaltensweisen und Essgewohnheiten. So, wie es sie auch in der Menschenwelt gibt. Von Land zu Land variieren nicht nur Traditionen, Ethik und Sprache, sondern auch Körpersprache, Gestik und die generelle Lebensart und das Handeln. Doch nicht nur der Vergleich zwischen zwei Ländern kann Unterschiede aufweisen, sondern auch innerhalb eines Landes nimmt man diese wahr. Stellen wir ein

Gleichnis zwischen Norddeutschland und Bayern auf, erkennen wir schon sehr bald kulturelle Differenzen wie bei der Esskultur, sprachlichem Dialekt und traditionellen Trachten, die ihr Wahrzeichen nie verloren haben und einen hohen Erkennungswert aufweisen. Natürlich kann nicht nur die Sprachbarriere im Verhältnis zu anderen Ländern für Missverständnisse sorgen, sondern auch die Körpersprache.

Unterschiede können sich bereits bei der Begrüßung bemerkbar machen; in Deutschland ist es üblich, sich zur Begrüßung die Hand zu schütteln, am besten sogar mit einem festen Händedruck als Zeichen des Respekts und der Höflichkeit, dabei wird das Händeschütteln in einigen asiatischen Ländern als übergriffig empfunden, daher hat sich in bestimmten Regionen die Begrüßung mit einer Verbeugung etabliert. Auch der Blickkontakt wird in Europa üblicherweise gehalten, um Aufmerksamkeit und Höflichkeit zu signalisieren, dabei ist es in vielen asiatischen Kulturen und in Finnland wiederum Gegenteiliges, denn hier wird der Blickkontakt eher als unangenehm betrachtet und den Blickkontakt zu meiden, zeigt den Respekt, den man sich erbringen möchte.

Während wir in Deutschland unter einem Nicken beispielsweise ein „Ja" deuten, ist es in der Türkei in Kombination mit einem Schnalzen ein „Nein". In Bulgarien, Indien und Pakistan wiederum steht ein Kopfschütteln für eine Bestätigung, während es in Deutschland als „Nein" zu verstehen ist. Wenn wir in Deutschland ausdrücken wollen, dass jemand etwas großartig gemacht hat oder um zu zeigen, dass wir etwas gut finden, strecken wir den Daumen nach oben; auf Sardinien und in Russland hingegen sollte man Obacht geben, denn hier wird es als Beschimpfung gedeutet. Mit diesem Wissen und den verhältnismäßig kleinen Beispielen wird einem bewusst, wie vielfältig die Welt tatsächlich ist und wie viele Unterschiede es wohl noch geben mag.

Wenn man nun in einer multikulturellen Beziehung lebt, sollte dieses Wissen im Hinterkopf bestehen bleiben, besonders dann, wenn man zuvor noch keine Berührungen mit anderen Kulturen hatte. So wie man seinen Partner oder Partnerin erst einmal in seinen ganzen Besonderheiten kennenlernen muss, sollte man sich auch mit den kulturellen Unterschieden auseinandersetzen und auch diese erst einmal kennenlernen. Das geht sicherlich nicht von heute auf morgen, aber mit gegenseitigem Verständnis, Kompromissen und Geduld ist es möglich. Anfängliche Missverständnisse sind nicht selten, doch auch hier sollte man sich ebenfalls gut selbst reflektieren. Hat man versucht, sich in die Lage des anderen hineinzuversetzen? Hat man seinen Standpunkt von Anfang an klar erläutert? Oft überwiegt in der anfänglichen Kennenlernphase das Verliebt-Sein, sodass man alle leichten Zweifel ignoriert und nur das Schöne sieht. Dabei ist es wichtig, manches auch kritisch zu betrachten.

Gehen die Ansichten zu stark auseinander und ist es absolut nicht möglich, sich in der Mitte zu treffen, Vereinbarungen zu treffen oder Kompromisse zu finden? Ist das nicht möglich, stellt es eine Gefahr für zukünftige Krisensituationen dar und bietet die Basis zu immer wiederkehrenden Konflikten; am kritischsten wird es, sobald Kinder mit im Spiel sind. Lernen Sie einen Menschen mit anderem Background kennen, seien Sie interessiert am Kennenlernen der großartigen Vielfalt und seien Sie motiviert, Ihre Lebensweise mitzuteilen. Ziehen Sie Vorteile aus Ihrer bunten Partnerschaft, dann ist eine höhere

Wahrscheinlichkeit zur Harmonie gegeben. Achten Sie besonders anfangs auf Unterschiede der Körpersprache und Gestik und versuchen Sie, diese nachzuvollziehen.

Sprechen Sie diese Unterschiede ruhig an und finden Sie dann wiederum Gemeinsamkeiten. Wenn Ihnen erst einmal bewusst ist, dass eine bestimmte Art Ihrer Kultur entsprechend als unpassend erachtet wird, kann zu Beginn der Beziehung ein Kennenlernen dieser Besonderheiten künftige Missverständnisse verhindern. Versetzen Sie sich auch in die Lage Ihres Partners, wenn dieser fernab von seiner Familie lebt, denn besonders in stark familiär geprägten Kulturen ist schwer, so weit weg von seiner Familie zu leben und sich vielleicht sogar noch in einer neuen Sprache und Kultur zurechtzufinden.

Diese Gegebenheiten können teilweise zu depressiven Verhaltensweisen führen, in denen sich Ihr Partner oder Ihre Partnerin nichts sehnlicher wünscht, als umsorgt zu werden und Einfühlungsvermögen zu bekommen, auch wenn es nicht so geäußert wird. Sprechen Sie über die Dinge, die vielleicht aus der Heimat vermisst werden, und versuchen Sie, ein wenig Heimat nach Hause zu bringen. Diese Wertschätzung, Interesse und Feingefühl können Ihre Liebe stärken und neu entfachen.

Die Relevanz des ersten Eindrucks

W er kennt ihn nicht, den Spruch: „Der erste Eindruck zählt." Diese Theorie entspricht den Fakten, nicht nur beim ersten Date, sondern im alltäglichen Zusammenleben. Jeden Tag hinterlässt man aufs Neue einen ersten Eindruck und kann so einen starken Einfluss auf den Verlauf des restlichen Tages haben. Stehen Sie mit dem falschen Bein auf oder sind Sie ein absoluter Morgenmuffel, zeigen Sie automatisch entsprechende Laune zu Beginn des Morgens oder sind Sie die Person, die morgens generell nicht grüßt? All dies lässt den Partner oder die Partnerin mit einer Reaktion reagieren. Es schallt schlechte Laune zurück oder man meidet das Gespräch, sodass Schweigen den Frühstückstisch beherrscht. Die eigene Laune überträgt sich auf das Gegenüber, dieses reagiert mit Gleichem zurück – ein Teufelskreis.

Manchmal hilft es, über seinen eigenen Schatten zu springen und sich immer vor Augen zu halten, dass der Partner oder die Partnerin nichts für die eigene Laune kann, man versucht, freundlich zu bleiben, einen guten Morgen zu wünschen und durch positives Eigenverhalten die Laune zu bessern, sodass der Tag doch noch schön werden kann. Wenn einem das Ganze zu aufgespielt erscheint, weil die schlechte Laune nicht zu übertönen ist, hilft es, offen zu sagen: „Sei mir nicht böse, aber ich habe schlechte Laune. Das hat nichts mit dir zu tun, gib mir etwas Zeit, dann legt sich das wieder."

Der erste Eindruck ist auch relevant, wenn man selbst nach Hause kommt oder der Partner bzw. die Partnerin vom Einkauf, der Arbeit oder sonstigem zurückkommt. So ist es ratsam, Blickkontakt beim Begrüßen zu halten und dem

Gegenüber einen kleinen Moment der vollen Aufmerksamkeit zukommen zu lassen und ein Gespräch mit Fragen zum Tag oder dem Straßenverkehr einzuleiten. Seien Sie nicht stur, wenn es darum geht, wer zuerst den guten ersten Eindruck hinterlässt. Wichtig ist es doch, dass in einer Partnerschaft das Interesse an einer harmonischen Beziehung zählt und an diesem Strang sollten beide ziehen, auch wenn Sie öfter mal zuerst daran ziehen. In einer gesunden Beziehung werden Sie sicherlich tiefe Verbundenheit spüren, wenn einer Schönes sät und der andere noch Schöneres erntet.

Der erste Eindruck sollte einem selbstverständlich auch wichtig beim Kennenlernen der Schwiegereltern sein. Ein kleines Mitbringsel lässt häufig schon die Herzen der Eltern und des Liebsten höherschlagen. Ein fester Händedruck wird mit Selbstsicherheit in Verbindung gebracht; solche Menschen stehen häufig fest im Leben, wissen genau, was sie wollen, und verfügen über eine stabile Persönlichkeit. Eltern achten häufig auf ein freundliches Erscheinungsbild; triste Kleidung, Schlabberlook und ein Gesicht ohne einen Hauch von Lächeln haben an dem Tag nichts verloren. Sie sind an dem Tag zwar Gast, aber Ihre

Schwiegereltern sind dennoch keine Gastwirte, dementsprechend sollten Sie gute Manieren an den Tag legen und Ihre Hilfe beim Tischdecken anbieten sowie Ihren Teller selbst in die Küche bringen wollen, auch wenn die Schwiegereltern beim Kennenlernen darauf bestehen, dass Sie sitzen bleiben, so haben Sie dennoch Ihren guten Willen gezeigt.

Versuchen Sie, eine Kommunikation aufrechtzuerhalten und keine peinliche Stille eintreten zu lassen. Lassen Sie also nicht nur mögliche Ausfragerei über sich ergehen, sondern versuchen auch Sie, ein wenig in Erfahrung zu bringen, wie zum Beispiel, ob sie schon lange hier leben und Ihr Partner oder Partnerin hier in diesem Haus oder Wohnung mit groß geworden ist, selbst, wenn Sie die Antwort eigentlich schon kennen, zeigen Sie Interesse. Sie könnten Ihre Schwiegereltern auch gern fragen, ob sie eine bestimmte Speise, die Sie selbst zubereiten können, gegessen haben, oder ob sie gern grillen, um die Gelegenheit zu nutzen, diese mal zum Essen einzuladen. Sie werden sicherlich keine Abneigung erhalten. Auch, wenn es heißt, man heirate ja nicht die Schwiegereltern, sondern den Partner oder die Partnerin, oder man führt ja keine Beziehung zu den Schwiegereltern ... eine gute Basis zu den Schwiegereltern sollte geknüpft werden, je nach Intensität des Verhältnisses des Partners zu den eigenen Eltern mehr oder weniger.

Eltern können einen großen Einfluss auf den Liebsten haben, selbst wenn man meint, es wäre nicht der Fall, weil der Partner fest im eigenen Leben steht und erwachsen ist. Vielen ist die Meinung der Eltern dennoch wichtig und unbewusst wollen sie ihre Eltern mit dem neuen Partner oder der neuen Partnerin beeindrucken. Gelingt dies nicht, wächst der Frust und es kann im schlimmsten Fall das Beziehungsaus bedeuten. Von Beginn an sollten Sie in Ihrer Partnerschaft allerdings ausmachen, dass Streitigkeiten eine Sache zwischen Ihnen beiden ist und kein Gesprächsthema für die Eltern sein sollte.

In der Regel halten die Eltern zu ihren eigenen Kindern und je häufiger Konflikte zu den Eltern getragen werden, desto größer wird der Frust der Schwiegereltern über Sie, ohne dass Sie Gelegenheit bekommen, sich zu dem Thema äußern zu können. Eltern könnten sogar zur Trennung beitragen, anstatt eine Lösung zur Bewältigung des

Problems zu finden. Denken Sie immer daran: Sie können Ihrem Partner oder Ihrer Partnerin viele Fehler verzeihen und am Ende doch Ihre Beziehung stabilisieren, Ihre Eltern allerdings werden diese nicht so einfach verzeihen und sie immer im Speicher des Kopfes halten, sodass die Sympathie für Ihre Partnerschaft massiv sinkt und Ihre Beziehung mit der Zeit darunter leiden könnte.

Aktives Zuhören

E s gibt einen nicht zu geringen Unterschied zwischen Zuhören und aktivem Zuhören, der darin besteht, beim aktiven Zuhören das Gesprochene inhaltlich in Gedanken zu verarbeiten, konzentriert zuzuhören, in der Lage zu sein, das Gehörte wiedergeben zu können und seinem Gegenüber die Möglichkeit zu geben, auszusprechen und ihn nicht zu unterbrechen. Wohingegen beim reinen Zuhören häufig eine große Menge an Informationen verloren geht, weil man gedanklich gerade woanders war, der Inhalt für einen uninteressant erscheint oder man unbedingt selbst etwas mitteilen möchte und damit beschäftigt ist, eigene Gedanken halten zu können. Wer nicht aktiv zuhören kann, schafft häufig reichlich Nährboden für Streitigkeiten und rasante Diskussionen – aufgrund von Missverständnissen und dem Beharren auf der eigenen Meinung.

Natürlich sollten Sie sich selbst treu bleiben, wenn Sie eine bestimmte Position vertreten, allerdings sollten Sie Ihrem Partner oder Ihrer Partnerin die Chance geben, seine oder ihre Argumentation wiederzugeben und auf das Fazit warten, bis Sie selbst zu Wort kommen. Bleiben Sie also geduldig; in einem ruhigen Gespräch lässt sich die eigene Position besser vertreten, als wenn die Stimme aufgrund von Sorge, man könne nicht zu Wort kommen und gehört werden, immer lauter wird, denn laute Stimmen sind häufig rechthaberisch und wirken argumentationslos. Schaffen Sie eine ruhige Atmosphäre, geben Sie Ihrem Partner oder Ihrer Partnerin genug Raum, um sich auszudrücken und zu äußern. Hören Sie genau zu und denken Sie über das Gesprochene nach. Geben Sie Ihrem Gegenüber das Gefühl, aufmerksam zuzuhören, und stellen Sie Verständnisfragen zu dem Gesprochenen oder fassen Sie das Gesprochene noch mal zusammen. Zeigen Sie echtes Interesse und geben Sie Ihrem Gegenüber bei Meinungsverschiedenheiten zu verstehen, dass Sie den Standpunkt zwar verstehen und gegebenenfalls nachvollziehen können, allerdings aufgrund bestimmter Aspekte eine andere Meinung vertreten. So können Sie Gespräche auf Augenhöhe harmonisch verlaufen lassen.

Wichtig ist es auch, beim Zuhören den Fokus rein auf seinen Partner oder Partnerin zu setzen und das Handy mal komplett beiseite zu lassen. Benachrichtigungen und Anrufe können für den Moment warten. Die Priorität sollte jetzt rein beim Zuhören des Partners liegen. Ernste Gespräche sollten generell nicht nebensächlich erfolgen, sondern zur Hauptattraktion werden; der Fokus darf dann nur beim Partner oder bei der Partnerin liegen und sollte nicht durch den Fernseher oder sonstiges gestört werden. Sollten Sie Kinder haben, wählen Sie den Zeitpunkt des Gespräches so aus, dass die Kinder entweder mit Spielen beschäftigt sind oder schlafen, sodass Sie sich vollkommen auf das Gespräch mit Ihrem Partner oder Ihrer Partnerin einlassen können, um einen gemeinsamen Nenner zu finden. Leben Sie mit

Familienangehörigen zusammen oder in einer WG, sollten Sie einen ruhigen Ort ohne Störungen und äußere Einflüsse finden, um Ihren Partner oder Ihrer Partnerin das Gefühl geben zu können, diesem/dieser Ihre volle Aufmerksamkeit schenken zu können.

Medienkonsum

In Zeiten von Social Media und der ständigen Erreichbarkeit, aufgrund der Möglichkeiten kostenlose Nachrichten zu versenden und zu erhalten, hat der Medienkonsum extrem zugenommen. Diese gewisse Sucht, immer up-to-date sein zu wollen, kann sich negativ auf das reale soziale Leben, insbesondere Ehe und Partnerschaft auswirken. Sobald das Handy oder Ähnliches in der Hand ist, wirkt es, als sei man für einen Moment von der wahren Welt abgeschottet; bis aus dem eigentlich doch so kurzen Moment eine Ewigkeit wird, in der man scrollt und scrollt. Als Partner oder Partnerin fühlt man sich in solchen

Situationen nicht wichtig genug. Es kann sogar passieren, dass mit Gleichem reagiert wird, und schon hat man ein Pärchen vor sich sitzen, welches versunken in Medienportalen nur noch nebeneinanderher lebt, jedoch kein aktives Zusammenleben mehr hat.

Das Problem der heutigen Zeit aufgrund der Kurzvideos auf bestimmten Plattformen, in denen man weiterscrollt und immer wieder ein weiteres Video sieht, ist, dass diese Videos größtenteils keinen wirklichen Inhalt besitzen und man sich nicht einmal durch das Anschauen Gesprächsstoff ermöglicht. Selbst, wenn es manchmal den Eindruck erweckt, als seien diese Videos informativ, ist es häufig der Fall, dass sich diese am Ende als Fake News erweisen. Geben Sie diesen Inhalt dennoch an Ihren Partner oder Ihrer Partnerin weiter, machen Sie sich unglaubwürdig, sodass Ihr Gegenüber Ihnen in Zukunft kaum noch Glauben schenkt und genau dasselbe verspüren Sie, wenn Ihr Partner oder Ihre Partnerin Sie mit solchen irrtümlichen Informationen überhäuft. Daraus resultiert, dass man seinem Gatten oder seiner Gattin nun nicht mehr gern zuhört und eher reserviert erscheint, woraus wiederum Schweigen folgt.

Ein weiteres Problem ist der Drang, immer erreichbar sein zu wollen. Anstatt sich mit dem Partner oder der Partnerin zu unterhalten, flüchtet man sich in Sprachnachrichten oder textet und schickt die scheinbar lustigen Kurzvideos weiter. Dabei sollte ein Gespräch mit dem Partner oder der Partnerin viel interessanter sein. Selbstverständlich soll man auch den Kontakt zu seinen Freunden und Verwandten wahren, allerdings nicht ständig und erst recht nicht, wenn man nach einem möglichen langen Tag abends zur Ruhe kommen sollte. Dann sollte das Handy mal beiseitegelegt werden und Pärchenzeit herrschen. Jeder, der Ihnen etwas bedeutet, wird Verständnis haben, wenn man ankündigt, die Bildschirmzeit zu reduzieren; und genau das sollten Sie auch als Paar tun, gemeinsam eine Zeit vereinbaren, in der nur Sie beide wichtig sind und die absolute Zweisamkeit genießen können.

Vielleicht nehmen Sie sich sogar mal vor, einen Wellnessurlaub mit komplettem Verzicht auf die Handys zu verbringen. Sie werden merken, wie Sie durch aktive Gespräche noch inniger zu Ihrem Partner finden und wie ausgeglichen Sie sich fühlen. Es muss kein langer Handyverzicht sein, zwei Tage machen eine Menge aus für den Anfang. Vereinbaren Sie auch eine Uhrzeit, in der am Abend das Handy komplett zur Seite gelegt wird, sodass man nicht in Versuchung gerät; so können Sie die Abende im Bett kurz vorm Schlafen mit tiefgründigen Gesprächen oder einfach zum Kuscheln nutzen.

Aktuell ist auch das Thema der Selbstdarstellung auf sozialen Netzwerken groß im Rennen. Viele Influencer kooperieren mit bestimmten Unternehmen, erhalten Ware kostengünstig oder umsonst und werben im Gegenzug mit diesen Artikeln. Das können Kochutensilien, Kleidung, Spieleartikel, Schminke und noch vieles mehr sein. Einige machen es als Hobby, andere sogar hauptberuflich. Solange man nur für sich selbst verantwortlich ist, ist es eine Sache, die man auch nur mit sich selbst im Einklang bringen muss. Anders ist es, sobald ein Partner, eine Partnerin oder sogar Kinder im Spiel sind. Wie viel möchte man von seinem privaten Leben preisgeben, wie viel von seinem Liebesleben und inwiefern werden die eigenen Kinder online gestellt? Bevor man irgendetwas von der Liebesbeziehung preisgibt, sollte man mit dem Partner oder der Partnerin besprechen, wie viel an die Öffentlichkeit treten darf und wo die Grenzen sind. Auch wenn Sie keine Bilder von Ihrem Partner online stellen, sollten Sie besprechen, wie viel Sie in Ihren Clips erzählen.

Möchte Ihr Partner oder Ihre Partnerin nicht, dass Ihre Streitigkeiten, die Gewohnheiten des Partners oder sogar Intimitäten an die Öffentlichkeit treten, dann sollten Sie sensibel mit diesem Thema umgehen und den Wunsch respektieren. Missachten Sie diesen Wunsch, zeigt es, dass Sie seinem oder ihren Bedürfnissen keine Beachtung schenken, Ihren Partner nicht respektieren und in diesem Moment Egoismus präsentieren. Sind Sie die Person, die nicht wünscht, im Internet gezeigt zu werden, ist es wichtig, diesen Wunsch klar zu äußern und über Ihre Bedenken zu sprechen. Geht man dem Online-Business regelmäßig nach, sollte man mit dem Partner oder der Partnerin kommunizieren, welche Zeiten rein für den Content zur Verfügung stehen und genutzt werden und welche Zeiten der Partnerschaft gelten. An diese sollte man sich auch halten und nicht miteinander mischen, denn hält man sich nicht an die vereinbarten Zeiten und überwiegt am Ende die Zeit, die man ins Posten, Fotografieren und Aufnehmen investiert, könnte der Partner oder die Partnerin sich vernachlässigt fühlen und an der eigenen Priorität zweifeln, sodass es zu Streitigkeiten kommen kann. Generell sollten Sie offen über diese Themen sprechen, um Konflikte zu vermeiden.

Die Psychologie der Kommunikation

D ie Psychologie ist ein sehr interessantes Thema, wenn man bedenkt, dass wir auf gewisse Weise alle davon betroffen sind und auch, wenn wir uns sicher sind, nicht beeinflusst werden zu können, weil wir meinen, unseren Gedankengang vollkommen unter Kontrolle zu haben, so kann es anderen möglich sein, Einfluss auf unsere Entscheidung zu nehmen. Mit ein wenig Know-how können wir uns dieses Wissen allerdings zunutze machen und mit positiver Steuerung eine gute Kommunikation in der Partnerschaft einlenken.

In der Psychologie besteht die Funktion der Kommunikation und Interaktion nicht nur darin, einen Informationsaustausch zu haben, sondern auch in der Steuerung und Kontrolle eines Verhaltens. Gesprächspartner beeinflussen sich demnach im Wechsel und reagieren aufeinander. So können Sie beispielsweise den Ausgang eines Gespräches so steuern, dass Ihr Partner oder Ihre Partnerin nicht bemerkt, gerade in eine Richtung gelenkt worden zu sein. Haben Sie es in Ihrer Beziehung mit einem leichten Sturkopf zu tun, der sich nur schlecht von einer Meinung überzeugen lässt, wenn er selbst einen Entschluss getroffen hat, oder kann sich Ihr Gegenüber nur sehr schlecht entscheiden, sodass es oft keinen konkreten Ausgang für das Gespräch gibt? Das lässt sich mit einem einfachen Trick der Psychologie ändern, ohne Schaden in Ihrer Beziehung anzurichten.

Wenn es um ein Vorhaben geht und Sie dieses gemeinsam mit Ihrem Partner machen wollen, können Sie die Entscheidung Ihres Partners oder Ihrer Partnerin in eine bestimmte Richtung lenken und Entscheidungsmöglichkeiten eingrenzen, ohne dass Verdacht geschöpft werden kann. Möchten Sie etwas mit Ihrem Partner unternehmen, aber Ihnen ist eher nach gemeinsamem Essen außerhalb als nach einem körperlich in Anspruch nehmenden Trip, so können Sie diesen Wunsch eingrenzen; und haben Sie heute eher Lust aus asiatische als auf italienische Küche, könnte die Frage lauten: „Magst du heute mit mir Sushi essen oder lieber Nudeln?" Die Wahrscheinlichkeit, dass sich Ihr Partner oder Ihre Partnerin für eines dieser Dinge entscheidet und dass in dem Moment des Vorschlages eine Lust an einem der beiden Dinge freigeschaltet ist, ist sehr viel wahrscheinlicher, als wenn Sie zu Beginn des Gespräches ein ganzes Spektrum an Auswahl anbieten.

Besteht Ihre Frage darin, nur zu fragen, ob Sie überhaupt draußen essen sollen, kann es sein, dass Ihr Partner oder Ihre Partnerin Lust auf eine Speise entwickelt, auf die Sie gerade absolut keine Lust haben. Wird dann das freigeschaltete Verlangen Ihres Partners nicht beruhigt, weil Sie sich heute mit diesem Gedanken gar nicht anfreunden können, könnte es dafür sorgen, dass Sie sich entweder nicht einigen und am Ende schlecht gelaunt zu Hause bleiben oder Sie am Ende nachgeben und das essen, worauf Sie eigentlich keine Lust haben.

Möchten Sie den Haushalt mit Ihrem Partner oder Partnerin angehen, wissen Sie aber, dass dieser vielleicht kaputt oder einfach nur lustlos ist, können Sie auch dieses Vorhaben einlenken. „Möchtest du heute die Küche aufräumen oder den Boden saugen und wischen?" Oder „Magst du die Wäsche falten oder die nasse Wäsche aufhängen?" Sie können auch einfach vorschlagen, dass Sie einen Teil bewältigen und Ihr Partner oder Ihre Partnerin den anderen Teil, sodass Sie die Hausarbeit schnell erledigt haben und diesen gemeinschaftlich bewältigen.

Ein kleiner Ansporn könnte auch sein, wenn man sich nach dem Erledigen mit einem gemütlichen TV-Abend oder einem Kinobesuch belohnt. Das könnte wie folgt aussehen: „Komm, du räumst die Küche auf, ich kümmere mich um das Bad und danach machen wir es uns gemütlich." Hier überwiegt die Motivation und die Belohnung, sodass man sogar mit Freude loslegt und am Ende keinen Erschöpfungszustand erfährt, weil die

Glückshormone (Arylethamine), die aus sechs Bo-
tenstoffen und Neurotransmittern zusammenge-
setzt sind, uns durch die Hormone Adrenalin und
Noradrenalin bei akutem Stress handlungsbereit
machen und unsere Konzentration und Leistungs-
fähigkeit steigern. Das sind nur kleine Tipps, die
allerdings in verschiedenen Situationen stressfrei
Entscheidungskonflikte lösen können.

Feuer und Wasser

„Wenn der eine Feuer ist, sollte der andere Wasser sein." Eine gesunde Beziehung muss generell gewaltfrei verlaufen und nicht aus ständiger Provokation, Kritik und Vorwürfen bestehen, ansonsten ist die Partnerschaft toxisch und sollte zum Wohlergehen beider Parteien stark überdacht werden. Konflikte in einer Beziehung sind nicht außergewöhnlich und sehr wahrscheinlich, wenn man tagtäglich miteinander lebt. Konflikte tragen teilweise sogar zum besseren Verständnis füreinander bei und schaffen Klarheit zwischen dem Paar.

Doch wie sorgt man dafür, dass eine scheinbare Uneinigkeit nicht ausartet und sich lösen lässt? Wenn beide sehr impulsiv sind und auf ihr Recht bestehen, ist es schwierig, eine Lösung zu finden. Es wird im Falle der Friedensschließung immer einen Nachgiebigen geben, um die Situation zu beruhigen. Wenn Sie eher impulsiv sind und eine weitere Diskussion nichts beschwichtigen kann, sollten Sie zur Ansprache bringen, den Ort für eine kurze Zeit zu verlassen, indem Sie beispielsweise sagen: „Unsere Diskussion führt im Moment zu keiner Lösung, ich gehe für ca. 15 Minuten eine Runde spazieren und wenn ich zurückkomme und wir beide uns etwas gefasst haben, sprechen wir noch einmal in aller Ruhe." So etwas kann Überwindung kosten, doch wenn beide so entbrannt sind, dass durch lautstarke Diskussion keine Ansicht wirklich Gehör findet, ist es besser, erst einmal herunterzufahren, den Kopf freizubekommen und das Gespräch noch einmal entspannter anzugehen.

Wichtig ist es auch hier, sich dann gegenseitig ausreden zu lassen. Umgekehrt kann genauso hilfreich sein, wenn der Partner oder die Partnerin der impulsivere Part ist, die Option freizuhalten, sich nach einem kurzen Spaziergang wieder für ein ruhigeres Gespräch zu treffen. Wenn Ihr Gegenüber gern mal etwas temperamentvoller und lauter in der Diskussion ist, lassen Sie sich nicht verleiten, noch lauter zu werden, nur weil Sie befürchten, sonst nicht gehört zu werden. Bleiben Sie der ruhigere Part, so ist die Wahrscheinlichkeit höher, dass sich die Ruhe auf Ihr Gespräch auswirkt und gemildert vorankommt.

Kinderwunsch

Viele Paare begehen den Fehler, nicht von Anfang an darüber zu kommunizieren, ob sie sich in naher oder weit entfernter Zukunft eigene Kinder wünschen oder absolut keine Kinder haben möchten, weil sie fälschlicherweise meinen, es sei zu früh, über ein so sensibles Thema zu sprechen. Dabei kann genau dieses Thema am Ende das Aus einer Beziehung bedeuten oder ein ständiges Streitthema hervorrufen. Hegen Sie von Anfang an den Wunsch, Ihre eigenen Gene weitergeben zu können oder Kinder bei sich aufzunehmen, sollten Sie von Anfang an prüfen, ob Ihr Partner oder Ihre Partnerin ebenfalls so einen Entschluss fassen möchte, und wenn dieser bereit ist, sollte geklärt werden, welche Voraussetzungen dafür erfüllt werden müssten. Möchte Ihr Partner oder Partnerin zum Beispiel erst einmal beruflich Fuß fassen oder sich etwas aufbauen, bevor Nachwuchs geplant wird? Wie weit liegt das in der Zukunft? Ist die Zeitspanne für Sie akzeptabel? Das hängt dann natürlich auch noch vom eigenen Alter ab, vor allem, wenn man Sorge hat, die biologische Möglichkeit zu verpassen. Ein Kompromiss, woran sich dann beide halten müssen, oder ein Schlussstrich sollte dann getroffen werden, wenn eine Einigung nicht möglich ist.

Wenn Sie dieses Thema nicht zu Beginn der Beziehung klären und sich Ihr eigener Kinderwunsch immer weiter nach hinten schiebt, sodass Sie, weil Sie Rücksicht nehmen, immer mehr Zeit verstreichen lassen, in der Sie schon längst eine Familie hätten gründen können, scheitert die Beziehung aufgrund von Unausgesprochenem und viele wertvolle Jahre gehen verloren. Lassen Sie sich auch nicht ständig vertrösten mit „Es ist noch nicht der richtige Zeitpunkt", obwohl ausgemacht wurde, dass genau jetzt die geplante Zeit gewesen ist, die man zu Beginn besprochen hatte, denn den wohl perfekten Zeitpunkt gibt es selten, es kommt immer etwas dazwischen.

Sind Sie allerdings die Person, die sich sicher ist, keinen Nachwuchs bekommen zu wollen, so sollten Sie gleich fair sein und es Ihrem Partner oder Ihrer Partnerin mitteilen. Seien Sie bei dieser Aussage klar und deutlich und machen Sie Ihrem Partner oder Ihrer Partnerin bewusst, was es für diesen bedeuten könnte, wenn dieser eigentlich einen Kinderwunsch hat. Erläutern Sie auch, dass sich Ihre Meinung dazu in Zukunft nicht ändern wird. Klar und deutlich! Viele haben dann trotzdem die leise Hoffnung, den Partner oder die Partnerin irgendwann doch noch überzeugen zu können, was am Ende zur puren Enttäuschung führt. Wenn die Aussage getroffen wird: „Ich möchte ja gern Kinder, aber nicht mit dieser Person, jedoch zusammenbleiben möchte ich unbedingt mit ihr", sollte man überlegen, warum man diese Beziehung überhaupt noch aufrechterhält, denn bei so einer Aussage ist diese Partnerschaft, ob auf lang oder kurz, auf besten Wegen, in den Abgrund zu fallen.

Genauso ehrlich sollten Sie auch sein, wenn Ihnen bewusst ist, dass Sie auf natürlichem Weg keine eigenen Kinder bekommen können, auch wenn Ihnen das Thema verständlicherweise schwerfällt, dennoch könnten Sie so Unterstützung von Ihrem Partner oder Ihrer Partnerin erhalten und diese Hürde gemeinsam bewältigen und anderweitige Lösungen in Erwägung ziehen. Ist man mit dem Thema von Beginn an vertraut, kann man sich mental ganz anders darauf einlassen, als wenn man mit der Last nach langer Beziehungszeit einschlägt und dann noch rauskommt, dass man dieses Wissen schon seit Beginn der Beziehung mit sich trägt, dann ist das aufgebaute Vertrauen mit einem Mal zerstört.

Erfährt man eine Unfruchtbarkeit innerhalb einer Beziehung, ist es etwas, was man dann als Paar gemeinsam überwinden kann und sich gegenseitig stärken kann. Sollten Sie einen Partner oder eine Partnerin erwischt haben, der Ihre Bedürfnisse nicht teilt oder der nicht damit zurechtkommt, dass Sie keine leiblichen Kinder bekommen könnten, dann seien Sie sich bewusst, dass Sie etwas Besseres verdient haben, nämlich einen Partner, der für Sie einsteht und auch in so schweren Zeiten für Sie da ist, anstatt Ihnen Vorwürfe zu machen. Auch, wenn Sie selbst schon Kinder mit in die Beziehung bringen, sollten Sie von Beginn an das Thema offen ansprechen.

Der Schlüssel zur erfolgreichen Kommunikation

Abschließend kann man sagen, dass der Schlüssel zur erfolgreichen Kommunikation nicht nur darin besteht, einen Inhalt zu übermitteln, sondern vor allem, wie dieser übermittelt wird; was wir sagen wollen, wie wir es meinen und wie es am Ende bei unserem Partner oder unserer Partnerin ankommt. Passen Inhalt und Art und Weise der Übermittlung zusammen?

Wie war unsere Körperhaltung und haben wir uns klar genug ausgedrückt oder gehen wir einfach nur davon aus, von unserem Partner verstanden werden zu müssen? Diese Fragen sollten Sie sich immer bewusst machen, um Missverständnisse schnell aus dem Weg räumen zu können, sich besser selbst reflektieren zu können und eine harmonische Kommunikation zu gewährleisten.

Denken Sie immer daran, dass die Kommunikation in der Ehe und Partnerschaft aus einem Geben und Nehmen, aus Aktion und Reaktion besteht, und Ihr Handeln sich stark auf das Verhalten Ihres Partners oder Ihrer Partnerin auswirkt. Können Sie auch bei heiklen Themen Ruhe bewahren oder sind Sie sehr impulsiv? Kennen Sie Ihren Partner oder Ihre Partnerin schon so gut, dass Sie jede Mimik, Gestik, Körperhaltung und Ausdrucksweise richtig deuten können, oder bitten Sie um genauere Deutung? Sprechen Sie Unklarheiten unbedingt an, um keine Gedanken daran zu verschwenden, was Ihr Partner oder Ihre Partnerin damit nun gemeint haben könnte; diese Gedanken können ein Grundstein zur Eskalation bedeuten.

Setzen Sie sich mit eventuell kulturellen Gepflogenheiten und der Körpersprache auseinander, um Verständigungsproblematiken zu beheben. Denken Sie immer daran, dass, auch wenn Sie gerade nicht die Sprache zu Kommunikation zu Hilfe nehmen, Sie dennoch immer kommunizieren und falsche Signale aussenden könnten, ohne dies zu merken; lernen Sie sich selbst also auch intensiver kennen und schauen Sie, was bestimmte Körperhaltungen für Signale senden könnten. Führen Sie feste Rituale ein, in denen Sie bestimmte Zeiten zur handyfreien Zone erklären und zu festen Pärchenzeiten manifestieren. Finden Sie Gemeinsamkeiten, bei denen es Ihnen nicht an Gesprächsstoff mangelt. Treffen Sie sich auch mal in der Mitte und finden Sie Kompromisse, selbst wenn es Ihnen mal schwerfällt.

Reduzieren Sie den Pessimismus und steigern Sie Ihre positive Einstellung. Vermuten Sie nicht immer nur Schlechtes in bestimmten Aussagen oder Ausdrucksweisen, sondern finden Sie Entschuldigungen für bestimmte Verhaltensweisen. Das A und O ist die Aussprache, wenn Sie sich unsicher sind, ob Sie bestimmte Verhaltensweisen oder Sätze fehlinterpretiert haben. Denken Sie immer daran, Sie haben sehr viele Möglichkeiten und Einflussreichtum, um eine erfolgreiche Kommunikation zu steuern.

DER ERSTE SCHRITT

Der erste Schritt ist es, sich selbst zu betrachten. Seien Sie sich über den Klang Ihrer Stimme bewusst. Sind Sie eine eher lautere Persönlichkeit, so versuchen Sie, es etwas zu mäßigen, um Ihrem Gegenüber auch die Möglichkeit zu geben, sich zu äußern. Oder sind Sie eine sehr introvertierte, leisere Person? So üben Sie es, lauter zu werden, sich standhaft zu zeigen. Machen Sie klare Ansagen, um zu zeigen, dass Sie gehört werden wollen und halten Sie dabei Blickkontakt. Beobachten Sie besonders in der Kennenlernphase, wie sich die Körpersprache Ihres Geliebten zu dem Gesprochenen verhält, um diese in Zukunft besser einordnen zu können. Nehmen Sie sich Zeit zum Kommunizieren. Lernen Sie, intensiv zuzuhören und zu verstehen. Versetzen Sie sich auch mal in Ihren Partner oder Ihrer Partnerin, um dessen/deren Gefühlslage besser zu verstehen. Seien Sie kein Ich-bezogener Mensch, sondern strahlen Sie das aus, was

Sie von Ihrem Partner oder Partnerin erwarten würden.

DER AUSTAUSCH

Halten Sie Ihre Gespräche am Leben. Finden Sie Gemeinsamkeiten, über die Sie sich austauschen können, und reagieren Sie auf Verhaltensweisen Ihres Partners oder Ihrer Partnerin. Lassen Sie nicht nur Ihren Geliebten Gesprächsstoff finden, sondern finden Sie auch interessante Themen. Beobachten Sie Ihren Partner, um auf diesen reagieren zu können und nicht nur regungslos nebeneinanderher zu leben. Lassen Sie positive Themen die negativen überwiegen, um keinem Pessimismus in der Beziehung Zutritt zu verschaffen. Nur, wer Positives ausstrahlt, kann auch ein harmonisches Umfeld erwarten.

10 Regeln zur richtigen Kommunikation

1. **Seien Sie von Anfang an offen:** Äußern Sie von Anfang an der Beziehung Wünsche und Bedenken, um spätere Missverständnisse und Vorwürfe zu vermeiden. Nur mit klaren Aussagen können Sie herausfinden, ob Sie sich in der Partnerschaft im Einklang befinden könnten und zusammen harmonieren und so die Erfolgsaussichten für ein gemeinsames Leben gut stehen.

2. **Verwenden Sie die „Ich-Form":** Wenn Sie also über Ihre Gedanken, Gefühle und Bedenken sprechen möchten, tun Sie dies, indem Sie den Inhalt auf sich selbst beziehen, um das Gefühl von Vorwürfen Ihrem Partner oder Ihrer Partnerin gegenüber zu vermeiden.

3. **Aktiv zuhören:** Hören Sie nicht nur, dass ein Klang den Mund Ihres Partners oder Ihrer Partnerin verlässt, sondern hören Sie genau hin, was Ihr Gegenüber Ihnen mitzuteilen hat. Fragen Sie auch noch mal nach oder wiederholen Sie Ausschnitte, um sich zu vergewissern, alles richtig verstanden zu haben, zu zeigen, dass Sie zuhören und um Missverständnisse beiseitezuschaffen.

4. **Achten Sie auf Ihre Körperhaltung:** Passt Ihre Körperhaltung gerade zu dem, was der Inhalt Ihrer Aussage wiedergeben soll, oder ist diese angemessen zu den Äußerungen Ihres Geliebten? Reflektieren Sie sich also und passen Sie Ihre Körperhaltung gegebenenfalls an, um keine falschen Signale zu senden.

5. **Bleiben Sie beim Thema:** Nehmen Sie Bedenken Ihres Partners oder Ihrer Partnerin ernst und

lenken Sie nicht vom Thema ab. Versuchen Sie, einen gemeinsamen Weg zu finden und Kompromisse einzugehen

6. **Finden Sie Entschuldigungen für Ihren Partner und keine Anschuldigungen:** Sollte in Ihrer Partnerschaft mal das große Schweigen herrschen, stellen Sie keine falschen Vermutungen in den Raum. Versuchen Sie, eine Entschuldigung für den Partner oder die Partnerin zu finden, wie zum Beispiel, dass dieser womöglich einfach nur erschöpft und müde vom langen Tag ist, als direkt zu vermuten, dieser könne gerade sauer auf Sie sein. Haben Sie große Zweifel, sprechen Sie Ihr Gegenüber direkt an.

7. **Setzen Sie ein Pflaster, anstatt noch Salz in die Wunde zu streuen:** Bei Diskrepanzen lohnt es sich nicht, wenn jeder darauf beharrt, nur seine Meinung könnte die einzig Wahre sein. Jeder hat das Recht, seine eigene Meinung zu wahren, dennoch sollte die Meinung des anderen akzeptiert werden, selbst wenn man diese nicht vertritt. Erklären Sie, dass es in Ordnung ist, eine andere Meinung zu haben. Vielleicht versuchen Sie, sich auch in der Mitte zu finden und ein Kompromiss zu finden.

8. **Seien Sie respektvoll zueinander:** Der gegenseitige Respekt ist ein wichtiger Baustein in einer funktionierenden Beziehung. Nur mit diesem begegnen Sie sich auf Augenhöhe, fühlen sich ernst genommen und bewegen sich auf einer harmonischen Gesprächsebene.

9. **Haben Sie Verständnis für kulturelle Unterschiede:** Machen Sie sich vertraut mit anderen Körperhaltungen und Gestiken, wenn Ihr Partner oder Ihre Partnerin dahin gehend Unterschiede aufweist, um Missverständnisse zu vermeiden.

10. **Führen Sie einen Dialog und keinen Monolog:** Ihr Gespräch sollte miteinander stattfinden und kein Hörbuch darstellen. Zeigen Sie Interesse und schließen Sie Ihren Partner in Ihr Gespräch mit ein.

Herstellung und Verlag:

BoD – Books on Demand, Norderstedt

ISBN: 9783756210381

© Maria Feldkamp 2022

1. Auflage

Kontakt: Psiana eCom UG/ Berumer Str. 44/ 26844 Jemgum

Covergestaltung: Fenna Larsson

Coverfoto: depositphotos.com